心の窓

～街角の掲示板～

那須信孝
Nasu Nobutaka

方丈堂出版
Octave

心の窓

街角の掲示板

目次

まえがき

一行寺の堂宇を再建して頂いて五十年足らず、毎月一回、時には二回か三回、掲示法語を記載して参りました。

通りがかりの人がその意味をわざわざ尋ねに訪れられたり、宗門の要人・学者の方々から賛辞を頂いたり、そして「御本にされたら」との要請があったりしました。住職を辞任し、法嗣の住職就任にあたって、やっとまとめることにいたしました。

聖典をはじめ有名な方々の金言や無名の方々の句、自作の言葉など六百首余りにも及びます。その中から約百五十首を選び、難しい金句の説明、また当時の特別な社会的な事件や身近な出来事を感じて引用したものには説明も交えましたので、往時を偲んで頂ければと存じます。

また、挿絵の花のイラストを描いてくれた孫・新戸彩月、平成十五年三月に六十四歳で往生された木村泰三氏が生前に楽しんで掲示の揮毫をしてくださったことを偲び、ここに感謝申し上げます。

一行寺第十五代住職　**釋　信　孝**

■昭和四十八～五十年

先づ弥陀をこい奉る　道場に入りたまへ
弘願に違せず　時に応じて迎へたまへ
観音・勢至塵沙の衆　仏に従ひ華に乗じて
来りて会に入りたまへ

（『法事讃』・昭和四十八年六月）

昭和四十八年六月、一行寺堂宇再建にあたり、請い奉って、阿弥陀如来・釈迦如来・十方の諸仏如来・浄土の聖衆方に新しい精舎にご来迎を願う『法事讃』を掲示しました。お招き申し上げたみ仏達の華の台座に乗せられての法会である。

聞くといふは、本願をききて疑うこころなきを聞といふなり。またきくといふは、信心をあらはす御のりなり。

（『一念多念文意』・同年七月）

阿弥陀仏が迷いの我等を救わんがために南無阿弥陀仏の名号を起こされて成就されたことを聞信することが大切です。心して聞法に励まなければなりません。

譬えば大河流に　浮木の流るるが如し
会うも離るるも　流れにまかせて
前は後を顧み　後は前を顧みず
遂に大海に於いて　始めて会するを得る

（同年十月）

生の流れに逆らっても、思うようにはいきません。川の流れのように自然に身を任せて進んでいく。川の流れは緩急大小水さまざまで、その味は異なっていますが、海に流れ込むと潮の味に転成して一味となっていく。それが海のはたらきです。

悩みの中に生きる煩悩の海を転じ変えるのは、まさしく阿弥陀如来の本願の大海です。穏やかな海は、見ていると阿弥陀さまのお心をお味わいさせて頂けるのでないでしょうか。

元旦の修正会の第一声は
正信偈の帰命無量寿如来のお念仏

（昭和四十九年一月）

新しい年の始めに発する言葉は「おめでとう」ではなくて、今年も阿弥陀さまに帰依いたしますと大きな声で正信偈を読誦し、お念仏を申しましょう。

天・人に恭敬せられたまふ、
阿弥陀仙両足尊に稽首したてまつる。
かの微妙の国にましまして、
無量の仏子衆に囲繞せられたまへり

（『十二礼』・同年四月。
二十三代光照ご門主親修の一行寺堂宇再建落成慶讃法要にあたりて）

一行寺再建にあたって光照ご門主のご下向を頂き、盛大に勤修いたしました。ご門主・ご本山総務・要職・讃嘆衆に荘厳されて慶讃の聖会を執行する。

還丹《かふたん》の一粒は鉄を変じて金と成す
真理の一言は悪業を転じて善業と成す

（『教行信証』行巻・同年六月）

錬金技術で用いる還丹という薬品は、たった一粒で鉄を金に変えます。これと同様に、「南無阿弥陀仏」というお念仏を称えることは、悪業煩悩に満ちた我が身を善業功徳の身へと転じてくださいます。

新しい年の始まり、誓わん
常に前進・常に反省

（昭和五十年一月）

生の初を思ふ時皆釈尊と等し。死の一念を思ふ時亦皆釈尊と同じわれ等の釈尊と異なるは生死の中間の歳時である

（曽我量深・同年二月。釈尊涅槃会にあたりて）

生まれるとき、死ぬときは釈尊と私達は違うと普通には考えられていますがそうではありません。肉体の生死は同じです。違うのは人生の処し方なのです。釈尊は生涯一貫して念々に死生の前に立ち、我等は死生を遥かに過去未来に遂《お》いやりしてしまっていますが、釈尊は、生涯一貫して常に生死の巌頭に立っておられました。

本願荘厳よりおこる　清浄大摂受に
稽首帰命せしむべし

（『浄土和讃』・同年九月。光真新門様ご親修・内陣荘厳慶讃法要修にあたりて）

二十三日の彼岸会に執行しました。広大無限で清浄な浄土は、すべて法蔵菩薩の本願の象徴です。一切衆生を収めとってくださる阿弥陀仏を敬い尊び、ひたすら頼みといたしましょう。

信は荘厳より起こると言われますが、「きちんと仏前・仏壇を整えること」こそ、形は心を作り、心は形に現れるのです。

劫初より作りいとなむ殿堂に
われも黄金の釘一つ打つ

（与謝野晶子・同年十月）

晶子の打った「黄金の釘」とは、歌の道に自分もしっかりとその足跡を残したという言葉でした。
ご浄土の応現。お内陣荘厳に魂を込められた物心の建立荘厳して頂いたことに対しての、感謝と賛辞の意味で掲示しました。

■昭和五十一～五十五年

みほとけの教え
まもりてすくすくと生ひ育つべき
子らにさちあれ

（昭和天皇戦後ご巡幸御詠歌・昭和五十一年一月）

昭和天皇のご在位五十年の年です。このお歌は昭和二十四年五月、九州へのご巡幸で、ご希望で、佐賀県の因通寺の洗心寮の引き揚げ孤児を慰問されたときに歌われたものです。

一切衆生はことごとく仏性あれども煩悩覆えるをもっての故に見ることを得ることあたはずと

（『教行信証』真仏土巻・同年六月）

すべての人に仏になる可能性があると言うが、我われ煩悩具足の人間にあると言えるのでしょうか。

浄土真宗ではあるともないとも言えない。一切衆生に仏性ありとは仏の眼から言われるのです。その仏のお慈悲により仏性ありと信じさせて頂く。大信心は仏性なりと仏が凡夫を信じてくださることによって頂く信心が仏性なのです。

悪人正機とは悪人が助けて貰うのではない
助かってこそ　悪人であると知られる

（同年十二月）

私が祈るより　先にみ仏に
願はれて　お念仏となり　我にいでます

（昭和五十二年二月）

南無阿弥陀仏は、ただ一つのまことの祈りの言葉です。南無阿弥陀仏は本来仏の祈りであって、本願は如来の祈りである。浄土真宗には祈りがない。祈りが不要ということは自力の祈りがないということであって南無阿弥陀仏とは仏の祈りである。十方衆生の祈りの象徴が南無阿弥陀仏である。南無阿弥陀仏は我等が仏に向かう祈りではなく、仏の我等に対する祈りである。

平生業成は救われた喜び
往生は浄土に生まれる歓び

（同年八月）

平常の生活において必ず浄土に生まれさせて頂くと信ずることが大切です。信じることができ、退転することなく聞法精進する身も心も歓びに満たされるのです。

化土は死人の生まるるところ
真実の浄土は生ける人の生まるるところなり

（曽我量深・同年九月）

往生というものを、みな未来に押しやるのは化土往生です。平常の生活において必ず浄土に生まれさせて頂くと信ずることが大切です。

信心決定した生活は、心が浄土に居るという生活。身は娑婆世界におるのだけれども、心は娑婆世界に縛られておらない。信じることができ、退転することなく聞法精進する。

親鸞聖人は、「超世の悲願ききしより。われらは生死の凡夫かは。有漏の穢身はかはらねど、心は浄土に遊ぶなり」と歌われています。

恩は返せるものではない
ただ謝するのみである

（同年十一月。報恩講にあたりて）

恩徳讃に身を粉にしても、骨を管来ても謝すべしと言われるのは、「ご恩は返せるものではない。感謝し続けなければならない」ということです。

大悲護念に　夜は明け　大悲護念の　陽はくれていく
（金子大榮・同年十二月）

あらたまの　年の始めや　清清し
一念一念と積みて一生
（昭和五十三年一月）

あわれわれ生々世々の悪をしらず
慈眼のまえになにを甘ゆる

（九条武子・同年三月）

「救いのめぐみにかくれて、つねに悪しきを重ねているのは悲しい。私たちはほとけの慈悲に馴れて、ほとけを弄んではならない。みずからの弱い貧しさをかえりみると同時に、めぐまれた救いの喜びを味わう。弱きものこそ強くありたい。」（『歌集と無憂華』）

「幼児が母のふところに抱かれて、乳房をふくんでいるときは、すこしの恐怖も感じない。すべてを託しきって、何の不安も感じないほど、遍満している母性愛の尊きめぐみに、跪まずかずにはおられない。」（『歌集と無憂華』）といわれています。

千万《ちよろず》のいのちの上にさづかれし
平らけき世を生くる悲しさ

（大谷嬉子裏方・同年五月。一行寺婦人会結成ご来寺）

戦争で亡くなられた戦死者・爆死者など、多くの死者を偲ばれてのお歌です。築かれたと言われず、授かれしと歌われるお心に、平和に過ごすことのできることをありがたく感じることの薄れたことを悲しみ、懺悔されるお心が偲ばれます。

仏具をみがく　我が曇りも
我が迷いを　消す集いかな

（同年六月）

長年にわたり毎月婦人会で、仏具のおみがきに坊守はじめ二十名ほどの老若のご婦人達《たち》が熱心に参集くださる。

十大弟子で愚鈍な周利槃陀伽がほうき一本の掃除で「塵はわたしの心の塵。垢はわたしの心の垢だ」とお掃除を通して悟られました。

信は荘厳より起こる。顧みてそのご苦労に感謝申し上げます。

大悲の願船に乗じて光明の広海に浮びぬれば 至徳の風静かに　衆禍の波転ず

（『教行信証』行巻・昭和五十四年一月）

念仏を信受したものの受ける功徳について、親鸞聖人が感動をもって讃嘆されるご文です。

親鸞聖人は、「海」という譬えを用いて、「本願海」「功徳大宝海」など、如来のはたらきを示される場合と、一方、「生死海」「無明海」など、仏の広大な徳と衆生の深い迷いを対比して示される場合があります。「海」という言葉自体がどのような特質を持っているからなのでしょうか。

本願の大いなる慈悲の船に乗り、念仏の衆生を摂め取る光明の大海に浮かぶと、この上ない功徳の風が静かに吹き、衆生の煩悩にまみれたわざわいの波が功徳に転ぜられるというはたらきを意味しているのです。阿弥陀仏の本願力が口にあらわれ出た念仏の功徳を味わわせて頂きましょう。

生まれては、死ぬるなり。釈迦も達磨も、猫も杓子も

（一休和尚・同年二月）

「猫」は神主を表す「禰子（ねこ）」、杓子は僧侶を表す「釈氏・釈子（しゃくし）」で、「禰子も釈氏も（神主も僧侶も）」が変化したとする説と、「女（めこ）も弱子（じゃくし）も」、つまり女・子どももという意がなまったという説がありますが、要するにどんなものもすべて死ぬのだという意味です。

おおいなる　いのちに帰る日をおもふ
南無阿弥陀仏とみ名いだきつつ

（同年十二月）

帰る家、帰る日のない旅は放浪です。「ただいま」と帰る家があって、一生の旅を終えることができます。
南無阿弥陀仏と唱えつつ久遠の故郷へ帰ろう。

自己を燈として　人を依りどころとせず
法を燈として　人を依りどころとしてはならない
（『遺教経』・昭和五十五年一月。二十四代・即如御門主伝燈奉告法要の年）

あきらけく　後の仏の御代までも
光り伝えよ　法のともしび

（弘法大師・同年三月）

仏の光であり、法華経の教えを表すこの光を、末法の世を乗り越えて後の仏である弥勒如来がお出ましになるまで消えることなくこの比叡山でお守りし、すべての世の中を照らすようにと願いを込めたお歌です。
この灯火はこのときから大切に受け継がれ、千二百年余りを経た今日でも、根本中堂の内陣中央にある三つの大きな灯籠の中で「不滅の法灯」として光り輝いています。

仏世に値い難し　我幸いに仏世に逢う
実に貧窮なりと雖も
一燈を燃やして　後世の根本とならんことを欲す

（『阿闍世王経』・同年六月）

「一燈照隅」とは、「一隅を照らす」ということです。おのおのがそれぞれ一燈となって隅を照らすこと。この「一隅を照らす」は、伝教大師がその著『山家学生式《さんげがくしようしき》』の中に提唱していることです。自分が居るその場を照らす。これは絶対に必要なことで、またできることだ。真実なことだ。片隅を照らす！　この一燈が万燈になると「万燈遍照」になる。

我なくとも法は尽きまじ　和歌の浦
あおくさ人の　あらんかぎりは

（同年十二月）

親鸞聖人の辞世の句と言われています。
「私が死んでも、生きとし生けるものが存在する限りお念仏のみ教えは永遠に尽きることはありません」

■昭和五十六〜六十年

一年を　亦いかにしてとたまはる命
つくづく　かえりみ思う

（大谷嬉子裏方・昭和五十六年一月）

一年の初めにあたり、来し方を顧みられ、行く末を見定めながら、如何に生きていくか尊い命を頂いたという深い感慨にふけっておられます。

懺悔はよく煩悩の薪を焼く
懺悔はよく菩提の華開き、さとりを得る

（『大乗本生心地観経』・同年二月）

報恩品の懺悔の部分の抜粋。懺悔とは、まさに血を流すがごとく涙とともにほとばしるような魂の叫びである。この経文では見事に表現されています。「煩悩」とは悩みの根源であり、煩悩は「燃料」として燃やすことで悟りの智慧の炎が現れる。それは、蓮華が泥中より出てきて美しい花を咲かすように、煩悩の中にあって、しかも煩悩に染まらず、菩提の花を咲かす。

親鸞聖人は同じ意味を逆に「氷」と「水」でたとえられています。「罪障功徳の体となる、氷と水のごとくにて、氷多きに水多し、障り多きに徳多し」（高僧和讃）。弥陀に救い摂られると、助けようのない煩悩（罪障）の氷が、幸せよろこぶ菩提（功徳）の水となる。大きい氷ほど、解けた水が多いように、極悪最下の親鸞こそが、極善無上の救いに目覚めると言われます。

花は佛ならむ　佛は花ならむ

散るも咲くも　永久のみいのち

（同年四月）

中国文学者・吉川幸次郎先生（文徳院釋善照殿）の一周忌。前年四月八日、釈尊降誕の花祭りの日に逝去されたのであったが、小川環樹・桑原武夫・貝塚茂樹・今日出海・長尾雅人・福永光司先生など吉川先生に親しいの方々に来詣頂き、追悼法要を勤修いたしました。

地のめぐみ天のめぐみをゆたにうくる
わが身尊き春のあけぼの

（九条武子・昭和五十七年一月）

散れば咲き咲けばまた散る春ごとに
花のすがたは如来常住

（一休和尚・同年四月）

この句は京都新聞の「町角の掲示板特集」に記載されました。
また、この句について当時の小島寅雄鎌倉市長が次のように随筆『野仏巡礼』に記しています。「新幹線に乗り込むと、京都新聞を開いて読みはじめた。如来常住とはいい言葉だと思ってその句だけを、ちぎってポケットに入れた」

やってみせ、言って聞かせて、させてみせ、
ほめてやらねば、人は動かじ

（山本五十六・同年五月。降誕会にあたりて）

年はゆく
喜びも　悲しみも
思い出のもやにつつみて
足音低く　年はゆく

（同年十二月）

時は今　ところあしもと
その事に　うちこむ生命　永久のみ命

（椎尾弁上・昭和五十八年一月）

今この瞬間を大切にすること。一生涯で、毎日、今日が最期の日だと思い、毎日、今日が最初の日だと思う。そうすると、今日を最善の日にしようと思うでしょう。今日という日、一瞬一瞬を一生懸命生きる。そうした毎日を生きゆく心がけを持ち続けることこそ、本当の意味で人生の生きがいを感じ取ることができるということです。それがやがて「私という個のいのち」から「永遠のいのち」に結ばれていきます。

人間だから、その心がけが時には、煩悩によってゆるむこともあるでしょう。だからこそ毎朝スタートを切るときの心がけ、志しが大切です。

才と不才　美と醜　巧と拙
貴と賤　善と悪　悉く
平等に法界の中に活かされる

（柳宗悦・同年六月）

毎月の感応道交会のメンバーで、各自の仕事の紹介、作品を仏前に飾り披露する展示会『心と技のふれあい展』を二十四日から二十六日まで開催する。京都新聞などに記載、多く鑑賞者が来場されました。

掲示には民芸の仏教美学を説く柳宗悦の歌を掲げる。宗悦は「無名の職人のつくった『用いるための器物』が美しくなるのは『信と美』の深い結びつきの結果である。これは凡夫を救いからもらさぬ仏の力、阿弥陀仏の本願の力の恩恵に他ならない」と解しています。

神も死し　仏もまさぬ　濁り世に
光を恵むみ名のみ教え

（九条武子・昭和五十九年一月）

散る桜　残る桜も　散る桜
無量寿　花咲くも　花散るも

（同年四月）

西本願寺の婦人会の季刊本の巻頭言に記載された言葉である。

みな人の心のうちは奥の院　開帳すれば　本尊は鬼

（一休和尚・同年十月）

浅原才市さんは、自分の合掌している姿の肖像画に、「自分に似ていない」と言って、二本の角を描き足してもらっています。そして、「じゃけんなり　あさましなり　鬼なり。これがさいちがこころなり。あさまし、あさまし、あさましや」と歌っています。

どんな人間も邪鬼の心を持っていることを示しています。

不満の百日より　感謝の一日を
　失念の百日より　希望の一日を

（同年十一月。報恩講にあたりて）

もうひと息　それにうちかって
もうひと息　それにもうちかって　もうひと息

（武者小路実篤・同年十二月）

もう一息というところでくたばっては、何事もものにならない。事をなすためには「もう一息」の精神がすごく大事です。

■昭和六十一〜六十四年

逝いてなお　迷悟をこえて　還り来る
南無阿弥陀仏の　中にこそあり
（昭和六十一年二月。涅槃会にあたりて）

くるしみの海をも　わたす法の舟
弥陀の誓を　ただたのめ人
（同年四月）

生きるとは　拝んで　燃えて　とけること
南無阿弥陀仏　南無阿弥陀仏

（平澤興・同年六月）

一行寺開基三百三十年の慶讃法要に大谷範子お裏方のご来寺、また、ご門主姉君・美紀子様にインド舞踊をご披露頂き、平澤元京都大学総長に記念の講話を頂く。

三十六峰　むらさきに　暮れゆく鐘は魂まつり
山のおん名も　如意が嶽　そのふところに
あかあかと　無明をてらす　大文字

（九条武子・同年八月）

遠き宿世を偲びつつ　永遠の光を慕いつつ
二つの国の間をゆく　一つ心の嬉しけれ

（同年十一月・金子大榮）

現世において、宿業の身が弥陀の光明に救われて、この娑婆におりながら、死して浄土往生間違いないと信じられる歓びを歌ったものでしょう。みごとな表現です。

人しれず　人らしき　わざせしあとの
おのが心の　奥のあかるさ

（甲斐真理子・同年十二月）

枯れたりと　見えし草木に　息吹しつ
大悲無倦の　春の雨ふる

（昭和六十三年四月）

年輪に背かぬ知恵を磨きつつ
心豊かに老いてゆきたし

（同年九月）

甘露および毒薬　みな人の舌にあり
甘露を実語という　妄語は即ち毒となす

（同年十月。正法念処経）

如来の説法を「甘露の法雨」と言い、煩悩の炎にそそいで滅除し給う。悪口（汚い言葉）、両舌（二枚舌）、綺語（おべんちゃら）のすべてを、「妄語」（うそをつくこと）に取り込んで「毒」と言うのです。

言葉は難しい。人を幸せにし、楽しませる。しかしまた人を怒らせ、殺しさえします。

人は皆　他力他力と　喜ぶが
私は阿弥陀仏の　自力がありがたい

（昭和六十四年二月）

阿弥陀仏のはたらきである法蔵菩薩は兆載永劫の修行、永遠に衆生を救うために修行を続けられます。そのご苦労によって我われ凡夫が救われるのです。

内平かに外成る　地平かに天成なる

（平成元年一月）

【平成】の典拠となったのは、中国古典である『書経』の【地平天成】と、『春秋左氏伝』『史記』の【内平外成】に基づくと言われています。

家の中は穏やかで、世間も平和で安定しているという意味と、「地平」は世の中が平穏に統治されていること。「天成」は天の運行がうまく進み、すべてのものが栄えることです。

招かれて　花の浄土へ　いそいそと

（同年三月。彼岸会にあたりて）

門徒さんが詠まれた俳句。ご主人が亡くなられて後を追うように六月に亡くなられる。生前に作られた俳句です。

年たけて　いよよ帰らん　古里や
いのちのもとの　永久の自然へ

（平澤興・同年六月）

六月十七日、八十九歳で還帰されました。偉大なる凡人として最も尊敬し、人生の指針として親しく接しさせて頂き、ご遺言でご葬儀の導師を勤めさせて頂きました。

無量寿の　生命と光の　身となりて
永遠に護らせ　遺れる我等を

（同年七月）

あな尊と一息ごとに拝むかな
生命を恵む　山河草木

（平澤興・同年八月）

掌を合わせ　このひと年を　おごそかに
さとしを仰ぎ　生きんとぞ思う

（平成二年一月）

新しい年にあたりて、先立たれた方を、ご往生くださった方々を仰ぎながら、良いことも悪いことも、楽しいことも悲しいことも、辛いことも、尊いおさとしと胸に刻み一年を生き抜かんと誓う。

障りとて　迫れる老いも　死の影も
ただ念仏の　道しるべかな

（同年二月）

後の世を渡す橋とぞ思いしに
世渡る僧となるぞ悲しき

（恵心僧都・同年十一月）

恵心僧都懺悔の歌です。天皇から、年若い源信の、堂々たる弁舌に感嘆し、多くの褒章を与えましたが、母からの「夢のような儚い世にあって、迷っている人間から褒められて何になりましょう。後生の一大事を解決して、仏さまに褒められる人にならねばなりません」との厳しい一言が、恵心僧都をして、日本の仏教史に大きな役割を果たす偉大な僧侶となさしめたのです。

たえせじと　仰ぐ　佛の法の道
まもらざやめも　君がめぐみに

（平成三年四月。顕如宗主四百回忌・寺基移転四百年法要）

天正十九年（一五九一）、豊臣秀吉の京都市街経営計画にもとづいて本願寺は再び京都に帰ることとなり、顕如上人は六条堀川の現在地を選び、ここに寺基を移すことに決められました。

阿弥陀堂・御影堂の両堂が完成した文禄元年（一五九二）、上人は積年の疲労で倒れられ、五十歳で往生されました。

若い時は一日は短く一年は長い
老いると一念は短く一日は長い

（同年九月。敬老の日にあたりて）

「心理的な時間の長さは年齢の逆数に比例する」というジャネの法則がある。なぜそう感じるのか。

感受性豊かな子どもの頃の経験は新鮮な驚きに満ちているため、経験の内容が豊富で長く感じられ、大人になるにつれ新しい感動が少なく単調になり、時が早く過ぎるように感じるのです。充実した一日を送りたいものです。

法蔵とはどこに修行の場所あるか
みんな私の胸のうち　南無阿弥陀仏　阿弥陀仏

（栃平ふじ・同年十一月）

阿弥陀仏は、法蔵菩薩として修行を重ねていた際、「もし自分が悟りを得られたとしても、衆生が救われないのであれば、悟りを捨ててもかまわない」という切実な悲願を立てられ、長い長い修行に入られ、そしてその修行は今も続いている。法蔵菩薩は私と一緒に常に離れず、この自分の胸の内で修行をしてくださっています。

心して法をきかんと我に誓う
また新しき　春にあい得て

（大谷嬉子・平成四年一月）

けさもまたさめて眼も見え手も動く
ああ極楽よ　この身このまま

（平澤興・同年五月）

迎え火も　送り火も又
大悲回向の往還の相

（同年八月）

欲ふかき人のこころと降る雪は
積るにつけて道も忘るる

（平成五年二月）

極楽は西方《さいほう》のみか　東にも

北道（来た道）さがせ　南（皆身）にあり

（同年九月・一休禅師）

極楽は西だけではなく東にも北にも南にもある。自らの歩んできた道を振り返り、自分の心の奥底を見つめれば、皆の身の内に極楽がある。

見渡せば　行き交う車の　数知れず
いずれに人は　行かんとすらん

（湯川秀樹・同年十二月）

湯川秀樹先生は、「科学がすべてであると思っている人は、科学者として未熟である」「素粒子の研究に、ギリシャ思想は全く役に立たないが、仏教には多くを教えられた」などの言葉を残しています。

十二月・師走は師が忙しく走り回るの意味と年が果てる（としはつ→しはす）となった説が有力ですが、果たして年末にあたり人は、何を目ざしているのでしょうか。

■平成六〜十年

子供叱るな来た道だもの
年寄り笑うな行く道だもの
来た道行く道二人旅
これから通る今日の道
通り直しのできぬ道

（作者不詳・平成六年三月）

人間は老いと病と死に向かって歩んでいます。時代・処が変わっても、誰もが避けることのできない道です。二人旅――、一緒に旅するのは誰でしょうか。

花は黙って咲き　黙って散っていく
けれども　その一時一処に
この世のすべてを　託している

（同年四月）

盂蘭盆会　敗戦偲び　総懺悔
豊かさに感謝忘れた　有財餓鬼

（同年八月）

業の落葉がふりつもり腐葉土のようになり
ながい年月には私の肥料になる

（榎本栄一・同年十一月）

落葉が積もって、それが腐った土となり、養分や水分や地温を保ち、それが花や野菜を育てる肥料になっていきます。それと同じように自分の悪い経験や落胆や哀しい出来事も、そのすべての経験によって今の自分に成長したのです。

長いようで短いのが人生。せっかく与えられた人生です。大切に日々を生きていきたいものです。

あや雲のながるる如くわがいのち
永遠《とわ》のいのちの中をながるる

（藤原正遠・平成七年一月）

生まれて、それで五十なり、百年なりで死にますが、それで命終わったというのではない。私の命は、永遠の命の流れの中のあらわれであり、その流れに身をまかせ、計らわず、念々に南無阿弥陀仏と生きていくことの大切さを教えられます。

第一の歩み　そこに踏みしめて
道ひらきゆ　人に幸あれ

（九条武子・同年五月）

嫡子が得度、法嗣としての慶讃法要ならびに祝宴の勝縁を催す。文化勲章の栄誉に預かられた満田久輝先生に記念講演をお願いする。

現世祈りや　物忌みせまい
弥陀の光の　なかじゃも

（浅原才市・同年十月）

蓮如上人はご文章に、『涅槃経』に仏さまの教えの中に日の吉凶を選ぶこと有ること無しとはっきり示されています。浄土真宗の阿弥陀さまのお心を依り処に日暮らしを営む私たちは、深く因果の道理をわきまえて、現世祈禱やまじないを行わず、占いや日の吉凶や方角などの迷信にたよりません。賜りし生命を生き生きと過ごさせて頂くのです。

朝は希望に起き
昼は努力に生き
夜は感謝に眠る

（平成八年一月）

はだかで　生まれてきたのに何不足

（小林一茶・同年七月）

禅に「本来無一物《ほんらいむいちもつ》」という言葉がある。生まれたときは本来、もともと、何もなかった。もともとが「無」なのだから、怨《うら》んだり、妬《ねた》んだり、執着することもない、ということです。

しかし、「無一物中、無尽蔵《むじんぞう》」という言葉もあるように、もともと何もないと思っていますが、手もあれば、足もあるし、息もできる。まさに有り難い。我々は、無尽蔵に持っているものがある。文句を言ってはバチが当たります。

おかげさま今日も一日生かされたぞ
ああもったいない有り難い

（戦犯死刑囚　福原勲・同年十二月）

Ｃ級戦犯として死刑の判決を受けた福原勲大尉は、巣鴨拘置所の獄中にあって、浄土真宗の教戒師・花山信勝師の教導を受け、その信仰体験の手記を書き残した。実は無実の罪で死刑に処せられたことを信勝先生のご次男信友氏から聞きましたが、信友氏はこの福原氏の手記に触れて父の後を継ぎ浄土真宗の僧侶になったと語られていました。この歌の背景を知ってこそ、念仏に生かされ、念仏往生された深い感情を知ることができます。

あさましや　私の心の火の中に
大悲のおやは寝ずのばん

（平成九年七月）

みわたせば　はてしもしれぬ荒海も
わたらばわたる道はありけり

（同年十二月。橋元才平翁の往生を偲んで）

見渡してみると果てしなく続く荒れた海でも、渡ろうとすれば渡る道が見つかるものです。人生も同じことです。絶体絶命のピンチ、誰でもそんな時はあるもの。必死に悩み考え抜いた時、ふっと脱出の糸口が必ず見つかるものである。暗闇で見つけた一筋の光。そのトンネルを抜ければ一段の飛躍が待っている。自力の極限から開け来る強縁、そこに一心帰命の人生がある。厳しい叱咤の声と涙もろい慈顔は消えることはない。南無阿弥陀。

なきあとにわれを恋しとおもひなば
弥陀をたのみしこころもつべし

（平成十年一月。蓮如上人五百回遠忌法要の年）

本願寺では建物の新築や修理等は数年前から着工しており、法要は三月十四日～十一月十三日の八か月を十期に分け、合計百日の間、一日に一座、修行された。

仏からもらう心の処方箋
ナムの口から愚癡こぼれ

（同年三月）

「貪瞋癡の病」について仏さまから治療する薬を頂きながら、その病に対して正しく認識しないで、愚痴の持病を抱えながら仏の処方箋には従わない。仏の南無せよとの薬を飲みながら、持病の愚痴の煩悩はなかなか治りません。注意して治療に従っていくことが大切だと教えています。

本願の船の目当ては凡夫なり
煩悩具足の人はみな乗れ

（蓮如上人・同年十一月）

■平成十一～十五年

ここには虫けらや人間　何億種のいのちあれど
人間だけがここを汚す

（榎本栄一・平成十一年六月）

やがて死ぬ　けしきはみえず　蟬の声

（松尾芭蕉・同年七月）

街路樹で無心に鳴き続ける蟬の声が響きわたる。それは無常迅速の命のはかなさを警告しているようで、一心不乱な高声念仏に聞こえてくる。

念仏して五欲の暑さ忘れうぞ

（句仏上人・同年八月）

ころびてもころびても又起きあがる
念仏のおもりありせば

（同年九月）

雨にうたれて稲は低姿勢
霜にうたれて柿の味
辛苦に耐えたは人の味

（同年十月）

おごそかに　重い足取り踏みしめて
年の扉を閉じにけるかな

（平成十二年十二月）

新しい世紀に当りて
前念命終　後念即生　信に死して願に生きる
これまでだ　これからだ

（曽我量深・平成十三年一月）

二十一世紀にあたり、科学技術の急速に進歩した二十世紀でありましたが、さらに二十二世紀は飛躍的にＡＩ（人工知能）やロボット技術の発展等、非人間化の時代にあたって、宗教と科学が融合する時代となるよう願いを込めて、平和の輪が全世界に広がることを念願したいものです。人間中心の自信を反省否定し、宇宙的な願に生きる展望が大切なのでないでしょうか。

年の初めにあたって、迷いの生活が終わり、成仏を目ざす浄土往生の生活が始まる。これまでだと前念命終、これからだと後念即生、如来の本願に生かされる人生を送りましょう。

争いに勝てば　相手に憎まれ
争いに負ければ苦悩が残る
心静かに　勝敗をなげうて

（『法句経』・同年十月）

九月十一日にアメリカ合衆国内で同時多発的に発生しました。航空機等を用いた四つのテロ事件の総称です。航空機が使用された史上最大規模のテロ事件であり、全世界に衝撃を与えました。

内の平和は　心の涅槃である
外の平和は　戦争と貧困の無いことである
（『スッタニパータ』・同年四月）

憎しみが風船のように膨らんでいる
争いを好む者もいる　争いを好まない者もいる
けれどすべて「熱狂」には気をつけて
未来のために憎しみの連鎖を絶たねばならぬ

（佐野元春・同年十二月）

「アメリカ同時テロ事件で亡くなられた方々に深く哀悼の意を捧げます」とのメッセージの一節です。

和顔愛語

妄語と綺語と悪口と両舌の中
和やかな顔と優しい言葉が世を照らす
（平成十四年一月）

わが五十年の京のくらしは
みひかりの中にありけり　かさねつる
（故嬉子前裏方・同年六月。勝如前門主ご往生にあたりて）

煩悩に覆われるお恥ずかし凡夫が
仏様と同じ悟りを得て永遠に滅びぬ生命に恵まれる
（同年七月）

殺人・盗みに嘘・偽り・性の乱れ
人間に生まれるは　五戒の功力というが
我等の未来は堕地獄か
（同年八月）

同時テロ一年　物質技術文明への
神の警鐘でないのか　彼此同罪なり

（同年九月）

もみじは赤・黄色のオレンジ　きれいな色
小さいな　小さいけれど
一生けんめい　生きている

雨の日風の日晴れた日
たくましく生きている

（同年十一月）

念仏を心に入れ申して世の中　安穏なれ
仏法ひろまれとおぼしめすべし

（平成十五年一月）

「世の中　安穏なれ」は、親鸞聖人が不安と争いの時代にあって、念仏者のめざす道を示される中で述べられた言葉です。親鸞聖人七五〇回大遠忌法要の年にあたって、心して念仏精進いたしましょう。

志願

手を洗え　核を作る
人間どもよ傲慢な手を洗え

（坂村真民・同年三月）

■平成十六〜二十年

新年新心

生かされて　生かしあい

佛とともに　今を生きる

（平成十六年一月）

人生の行くへ　いづこと　尋ぬれば

母まつ　そこに　光ほの見ゆ

（同年五月）

母・弘願院釋尼純榮の五十回忌法要を勤める。

「母を偲ぶ」の自作本を姉達・家族・親族に綴って頂く。

同じとき

聖火と戦火を　見る地球
感動を心に灯す　五輪の魂

（同年六月）

アテネでオリンピックが開催されました。
オリンピック聖火は、ギリシャのオリンピアで灯される火のことであり、オリンピックの象徴でもある。各国を回って会場に灯される聖火は平和の象徴でもある。八月十五日は戦争の火が消えた日である。盂蘭盆会にあたり、心から永久の平和を願う思いです。

この手もて　人を殺めし死囚われ
われ同じ両手で　今は花いく

（死刑囚の歌・同年十月）

附属池田小事件は、平成十三年大阪府池田市の大阪教育大学附属池田小学校で発生した小学生無差別殺傷事件である。本名中村　覚の死刑が執行されるが反省の気配なし。それに対してお念仏に目覚めた殺人を犯した島秋人の回心の歌です。詩人として『遺愛集』が残されています。

突如におそう自然の猛威
日々の生活を大切に過ごせと
多くの人々の悲願の教えが聞こえてくる

（同年十一月。新潟の地震に寄せて）

人生は長さのみでない
感性の深さと幅にあり密度にある

（同年十二月。年末にあたりて）

長生きを否定するわけではありません。それも大切ですが、「幅」や「深さ」、感性を持って生きるのが尊いのです。人生の「幅」とは、いろいろなものを受け入れる柔軟性を言います。深さとは、自分のいのちの尊さを深く受け止めることで、深みのある生き方を言います。そして「感性」、あらゆることに感応する感覚や感情を磨くことが大切です。

如来と共に生き
如来を拝み
如来を讃えて生きる

（平成十七年一月。年頭にあたりて）

何も無い日　平和な日々
小さい幸せに　気付かない日々
実は　贅沢な日々

（同年二月）

前年から栃木兄弟誘拐殺人事件・奈良小一女児殺害事件など凶悪犯罪が発生する。また、スマトラの大地震災害で多くの死傷者が生じる。私の知人のご婦人も旅行中に津波に襲われて亡くなりました。

人の心もとより善悪なし　善悪は縁により生ず
善悪の彼岸《かなた》に　悲しみ　痛みを
共にする心あり

（同年五月。ＪＲ列車事故に寄せて）

四月二十五日午前九時十八分頃、兵庫県尼崎市にある福知山線塚口駅付近の脱線事故。先頭の二両は線路脇の分譲マンションに激突。先頭車は一階ピロティ部の駐車場へ突入。二両目はマンション外壁へ横から激突。死者一〇七名（運転手の死を含めると一〇八人）、負傷者五六二名を出す、交通機関の事故としては歴史的な大惨事となりました。禍害について色々の評論が飛び交う。黙してただ念ずるのみ。

荒れた情報が　世を汚す
情報とは　情に報いると書く
無眼人無耳人の　五濁悪世

（同年七月）

テレビをつければ、他人を批判する評論家が横行する世です。それにつれて視聴者も何時しか批判に長じ、自己反省を失ってしまいます。親鸞聖人はそれを耳のない人・眼のない人と言われました。

見えないものでもあるんだよ。聞こえないものでもあるんだよ。金子みすずの心眼心耳の叫びが響いてきます。

今、ことばが空しい　それはことばに心がなくなったから　ナムアミダブ

（同年十一月）

コンピューター、スマートフォンでのコミュニケーションが多くなり、メールのやり取りで肉声の直接の会話が少なくなってきました。顔と顔。その表情を見ての会話でなくて、電波を通しての間接的な会話。和顔愛語の仏教精神を表すことがたいせつです。

南無阿弥陀仏は仏と私の魂の交流・感応の響きです。

新しき年にあたりて　願ふこと
　心新たに　共に歩まん　無碍の一道
（平成十八年一月）

無味乾燥の　メディアの飛ぶ　情報化時代
　情報とは　情熱・情緒・友情
　　情《こころ》を報じること
（同年二月）

メディアの寵児ライブドアの堀江貴文社長と取締役三人が、証券取引法違反容疑で逮捕される。

花はいのちの美しさ　いのちのはかなさ　いのちの永遠さを語る

（同年四月）

美しさとはかなさは同時にやってくるのでしょう。はかなく散るから美しいのでしょう。散りゆく桜の花に、一夜のいのちをほのかに輝かせる蛍の光に、花火が夜空に開いて消えるその一瞬に、永遠の「何か」がある。その何かを探すために哲学があり、芸術があり、信仰があるのでしょう。

荘厳な調べが　俗塵の心を洗う
深い旋律美に魂と魂が　響き合う

（同年十月）

一行寺本堂においてインド音楽のコンサートを開催。荘厳な内陣の前で本堂にギッシリ集まった若者の聴衆。盛会でした。

ただ生き　ただ死ぬ　ただの二字に
一切が輝き　ただの二音に万有は光る

（坂村真民・同年十二月）

『歎異抄』に、「ただ念仏して弥陀にたすけられまいらすべし」とありますが、「唯《ただ》」とは「専」で、「一向専修」である。はからいを、一切を捨てて唯今に集中する。挨拶の「ただいま（唯今）帰りました」もここから転じたのでしょう。

仮令身止　諸苦毒中
（たとひ身をもろもろの苦毒のうちに止くとも）
我行精進　忍終不悔
（わが行、精進にして、忍びてつひに悔いじ）

（『大無量寿経』・平成十九年一月）

恩師・長尾雅人先生が愛用揮毫された経文です。
長尾先生ご自身が白寿を目の前にして浄土に往生されましたが、一般に、「お浄土に往ったものはこの世に還ってきて苦しみ悩める人々を救うために還ってくる」と言いますが、先生は「苦しみ悩める人とともに苦しみ悩むためにこの世に還ってくるのだ」。
救いの行為は同じように苦しみ、同じように悩む、そこにおいてのみ初めて心も通じ合い、いのちも触れ合う。そこにともに是れ凡夫という共通の場が開けてくる、それが還相の世界です、とおっしゃっていました。

煩悩は髪の毛の如し
伸びたら切りそしてまた切る　臨終まで　常懺悔

（同年三月）

親鸞聖人は、「凡夫といふは、無明煩悩われらが身にみちみちて、欲もおほく、いかり、はらだち、そねみ、ねたむこころおほくひまなくして、臨終の一念にいたるまでとどまらず」と述べておられます。懺悔と感謝のご一生である。

同じものは一つも生まれない
同じでなくてみな光る

白色白光　青色青光

（榎本栄一・同年五月。親鸞聖人降誕会）

『阿弥陀経』に、「青色青光、黄色黄光、赤色赤光、白色白光」とあります。お浄土の蓮の花は、それぞれ光り輝いているということです。私達は生まれや境遇、顔かたちや性格や才能が異なっても、それぞれ自分の花を咲かせ、いのちを輝かせて生きていくことができるのです。如何に自分の花を咲かせ、いのち輝くかです。人に知られようが、知られまいが、他人の目を気にせず、飾ることなく、落ち込まず、高ぶらず、路傍に咲く名もない雑草のようにたくましく生きましょう。

物に富み心貧しき世の姿
業をともにする我が身悲しき

（同年八月）

「ケア」とはギリシャ語で「カーラー」と言い、「悲しみをともにする」という意味だそうです。「ケア」と言うと、お世話をするとか介助するといった意味を想像しますが、もともとは「一緒に悲しむ」といった意味なんですね。仏教の「共業」と言ってもよいのではないでしょうか。

年末の大掃除
嫌なこと捨て去って心の中も大掃除
古くなった心は　新しくとりかえて

（同年十二月）

仏光に遇い　煩悩のさわりはなれ　身心和らぐ

（平成二十年一月）

『無量寿経』には、「この光に遇えば、三毒の煩悩が消滅し、自我を固執する身も心も柔軟になって、喜びに充ち、道を尊ぶ心が起こる」と仏の光に遇うと柔軟な心になると解かれています。ただ石のようなかたくなな心が砕かれ水のような柔軟な心になる。身もまたしなやかに心身ともに安らかで和やかになる。聞法はストレスを解消し、心と身体の健康に必要なのではないでしょうか。

永遠に世界を照らす仏光は瞋恚の炎吹き消す聖火

（同年七月）

チベットのラサで騒乱が起きたのは北京五輪までわずか五か月であり、しかも聖火が到着し、五輪の式典がいよいよ開始となる二週間前のことだった。中国共産党はかつて少数民族の自決権を約束したが、権力を手にすると、自由を求める少数民族を反逆者扱いしている。中国にとって、前回、一九八九年暴動のときより失うものは大きい。

チベットのラサなどで起こった「自由なチベット」を求める僧侶や市民の抗議行動に対して、中国当局が武力で鎮圧。多数の死傷者が出た。平和を照らす聖火でありますように。

礼節を失い理念なきヴァーチャル社会が仮想人間の無差別な殺戮を生む

噫！　悲傷すべし

（同年十月）

秋葉原殺傷事件の加藤容疑者、車ではねた後、七人が死亡、十人が負傷する。加藤容疑者は、事前に殺傷能力の高いナイフを用意したり、歩行者天国に合わせて計画を実行に移したりしていたが、事件後のことについては「どうするかまでは考えていなかった」と供述。万世橋署員らに現行犯逮捕された際も、暴れたり、叫んだりした様子はなく、逃げるそぶりも見せなかったそうです。一方で、所持品や自宅の捜索で遺書などは見当たらず、自殺する意思もなかったとみられます。

■平成二十一〜三十一年

盂蘭盆会　殺生悔ゆる　供養の経
終戦日　世界に告げよ　不殺生

（平成二十一年八月）

衆生は形のごとく仏心は影のごとし
凡夫の身に寄り添うて離れず
御影というもこのこころなり

（同年十一月。報恩講にあたりて）

親鸞聖人のお木像をご真影と申し上げます。真実のお姿という意味でしょう。でも、応現と言わず影現という意味に近いのは何故なのでしょうか。親鸞聖人が凡夫の身に寄り添うて離れず、我等の心の中に影現したもうのです。聖人の御影はこの心を象徴するのでしょうか。

心の眼を開いて世の実相を　見よう
心の耳をすましてへつらいの言に　惑わされまい

（平成二十二年六月。参議院選挙中）

テレビの評論は　皆裁判官だ。他人は有罪で　自分は無罪

（同年七月）

大阪地検特捜部の証拠改ざん事件で、逮捕された主任検事・前田恒彦容疑者（43歳）の直属の上司だった大坪弘道元特捜部長と佐賀元明元副部長に対する最高検のこれまでの調べによると、前田容疑者は裁判に提出しないフロッピーディスクを改ざんした動機について、「公判で検察の立証に不利になるので消したかった。上司にも報告した」と供述している。一方、大坪元特捜部長と佐賀元副部長は一日の取り調べでも、「意図的な改ざんだとは報告を受けていない」と主張し、言い分が食い違っているという……。

白銀も黄金も玉もなにせんに
勝れる宝　子にしかめやも

（山上憶良・同年十月）

橋元才平・タキエ曾祖父母の十三回忌ならびに一周忌にあたり。
十月二十一日、初の内孫男子が誕生する。

煩悩の闇　沈める我らの心に
法の灯火をあたえ給う

（平成二十三年一月。親鸞聖人七五〇回大遠忌法要にあたりて）

灯火リレー帰着パレード・大遠忌半年前記念行事開催。親鸞聖人七五〇回大遠忌法要は四月九日から翌年一月十六日までの法要を控え、全教区を巡回し本山へ帰着いたします。

一寸先は闇
当たり前のことを　皆喜ばない
その有り難さは　無くした人は　知っている
（同年三月。東日本大震災にあたりて）

死者は一万五千八九六人、重軽傷者は六千一五七人、警察に届出があった行方不明者は二千五三六人であると発表されました（二十三年十月）。十月、石巻に慰問に訪れ、ただ丘の上から海に向かって追悼の読経を致す以外なすすべがありませんでした。

その人逝いて今なお生けるが如し　その人を憶い我は生き　その人を忘れて我は迷う　曠劫多生の縁尽きることなし

（金子大榮・同年四月）

金子先生の随筆集『くずかご』の中に収められている親鸞讃歌の一節です。親鸞聖人の『教行信証』の、「たまたま行信を獲ば、遠く宿縁を慶べ。もしまたこのたび疑網に覆蔽せられば、かへってまた曠劫を経歴せん。（思いがけなくも、いま行信を獲、本願を信じ、念仏をもうす身になったものは、遠い過去世からの阿弥陀仏のお育てのご縁に思いを致して慶べ。もしまた、このたびも疑いに覆い隠されて本願の法をいただかないようなことがあれば、ふたたびまた永劫の迷いを続けねばなりません）」。そのお心を味わわれたのでしょう。

迎えしは一期一会の親鸞忌
七百五十年　今生きる

（同年十一月）

無《む》一物《いちぶつ》中、無尽蔵《むじんぞう》
花あり月あり楼台あり

（蘇東坡・同年十二月）

大震災は、無数の命と人々の故郷を奪いました。大自然の脅威の前に、人間があまりにも無力であったことを我々は思い知らされました。

しかし、同時に、人は心一つで必ず蘇ることができるのだということを、一代で財を築いた人が初心にかえって再起を笑顔と力強い声で語られるのに感動しました。

大自然は優しく包む慈母であり、
　厳しく諫める慈父である。
　　自然の摂理に随順、慎ましく逞しく生き抜かん

（平成二十四年一月）

花びらは散っても　花は散らない
　人は死んでも　いのちは滅びない

（同年四月）

原子力より大きな力がもしあるとすればそれは愛だ
これ以外にはない

（井上靖・同年十一月）

心の温度　その落差は　大きいな
冷たさ　暖かさ　醜さ　美しさ
苦しさ　楽しさ　人智は及び難し

（平成二十五年一月）

カンシャクのク（苦）をとるならば感謝《かんしゃ》に変わる。
口の（ク）が濁れば愚痴（グチ）になる。

（同年六月）

「意思が濁れば意地になる」ともあるように、言葉を通して教えられることが多々あります。多くの名言を残された松下幸之助さんは、「オレがオレがを捨てて、おかげおかげの下で暮らせ」とも言われています。

心の銀行にあずけて積もってしまった恩の数
今日こそ　引き出して　お返しに行く

（同年八月）

ニュートリノ　不可思議光の命かな

微生物　見えない命が人を救う

（同年十一月）

素粒子「ニュートリノ」に質量を発見した梶田隆章さんがノーベル物理学賞を受賞されました。ニュートリノとはすべての物質を通り抜ける、さわりなく、はかりなく、かぎりなく、すがたもかたちも見せず、光速に限りなく近い速度で飛び続けます。たとえば、ニュートリノは一平方センチ当たり約十六億個、人間一人当たり十個のニュートリノが瞬時に我々の体も通り抜けていったというのです。正しく超日月光です。しかも恒星が爆発し、新しい星が生まれる星の生死の時に発すると言います。

また、ノーベル生理学・医学賞を受賞した大村智先生は、放線菌がもつ力を巧みに利用して、多くの人を救う薬を開発しました。これまでに見つかった微生物は約十七万種。地球にはこの数十倍以上という、こわい病気を引き起こすものもいるけれど、役に立つものも多い。大村先生は「微生物は無限の資源」と語っています。

今年こそ　本番　今日こそ　本番　今こそ　本番

（平成二十九年一月）

今の字に心をつけると今の心となり、それは念である。一念一念と積み重ねて念仏の一生。念々に懺悔と感謝。

我ならぬ清らな我の我ありて
穢悪の我を我と知らしむ

（同年四月）

大法輪閣より『曽我量深に聞く・宗教的要求の象徴法蔵菩薩』を出版する。法友・故小林光麿氏に捧ぐ。

寿命とは仏の寿　賜った寿を　生きること

（平成三十年一月。米寿にあたりて）

稲が実ってお米になる。稲のイとは、いのちのいであり、ネとは根であり、日本人にとって、稲は命の根本でありました。米とはコメルという意味で、命がコメられて実った状態を表します。米の字が四方八方に広がるように、エネルギーの発散を示すと言えるのでしょう。

余命・仏さまから頂いた余った命、今からこそお念仏精進させて頂き、少しでもお役に立つ人生を送りたいと決心しております。

『暴風駛雨』は我等が煩悩ならん
至徳の風は静かにして起悪造罪を転ず

（同年九月）

梅雨明け。それから全国的な猛暑が始まりました。気象観測史上最高気温を塗り替えた。暴風も連続的に発生、多くの被害、死傷者を出す。その惨事とともに反省すべきは、自然破壊の人間中心の文化の反省です。親鸞聖人は、悪を起こし衆罪を造ることは暴風や駛雨のごとしと、我等の欲望を暴風と豪雨にたとえられています。

如来に信じられ　如来に敬せられ
如来に愛せられ　かくて我々は
如来を信ずることを得る

（曽我量深・同年十一月）

我等が如来を信ずるということは、単に如来を信ずるだけでなしに、我等自身を信ずることです。「私が仏さまを信ずる」というより、「仏さまに信ぜられている」ということが仏さまを信ずるということです。仏さまに信ぜられているということを感ずるということ、それが真実の信心です。

平生業成とは　唯今の救い
人生の達成　臨終まつことなし
来迎たのむことなし

（同年十二月。平成の世終わるにあたりて）

平成とは平生業成の二字です。世紀を超えためまぐるしい技術変化。さらに人工知能の時代が到来します。人間とは、我とは何かが、否応なしに問われるでしょう。平成の幕をおろさんとする時、平和・平安・安心を祈願します。

万代に年は来経《きふ》とも梅の花
絶ゆることなく咲き渡るべし

（万葉集・平成三十一年四月）

新元号『令和』と決定する。梅の花が毎年咲き匂うがごとく年は改まり過ぎゆくとも、永久に心が安らぐ平和な時代が継くことを念じます。

あとがき

本書は、昭和四十八年の一行寺再建からの門前の掲示板に父が書き記した言葉をまとめたものである。思えば、掲示板の前に足を止めて熱心に見入る人、手帳に書き写す人、写真におさめる人、そして手を合わせ拝む人の姿を見てきた。

父とはときどき教学について話すことがあるが、先日、東京大学の下田正弘先生の講演資料を少し興奮気味に私に紹介してきた。そこには、次のように書かれていた。

苦悩が深すぎて声を奪われたものたちに、だれか他なるものの声として仏の名が届くとき、その名は自身の内部に共鳴し、奥底に降下して意識の底辺を揺らす。意識は、この声の振動に揺り動かされ、やがて同じ振動を自身の内に生じさせる。こうして気がつけば、自己の身体から同じ仏の名を呼ぶ声が生み出され、仏の名を呼ぶ声は自分自身から発せられた響きへと転じている。

(『言語以前の声—経が仏となるとき—』下田正弘)

これは声や称名の話ではあるが、私は同じことが掲示板の前に足を止めていた方々の中にも起こっていたのではないかと思う。掲示板の文字に出会い、そこではじめて自分の心中の思いや苦悩に形を与えることができたり、あるいは「願」を呼び起こされたりということがあったのだろう、と思う。

また、父が教学上で師と仰ぐ曽我量深先生は、『大無量寿経』の一々の文字は煩悩深い衆生の心に順応しつつ、それを教化する宗教的原理の神通遊戯の相であり、応化身であると言う。父が選んだ言葉、紡いだ言葉もまた、無量寿経から連なる「願」の歴史の上にあるものとして、掲示板の言葉に手を合わせていた方にとっては仏と映っていたのではないかと思う。私も掲示板の言葉を鏡として自身を振り返り、ある時は慚愧の思いを強くし、ある時は清々しく心を新たに持つということをしてきた。

周囲から本を書くことを散々求められても「書けない。話すことはできるけど、文章にまとめようとすると、次々と浮かぶものがある」となかなか著作には乗り出さなかった父だが、いつの間にか四冊目の著書となる。また、全国各地での講話や海外留学生の奨学支援など、今なお盛んに活動中である。

生きるとは　燃ゆることなり　いざやいざ　進まんこの道　わが燃ゆる道

これは、父が人生の師と仰ぐ平澤興先生の言葉である。父がいよいよ燃えて生きることを願いつつ、その後ろ姿を菩薩として仰ぎ、私も道を引き継いで燃えて歩みたいと思う。

一行寺　**釋　一真**

那須　信孝（なす　のぶたか）

1930（昭和５）年京都市生まれ。55年京都大学文学部卒業（仏教学専攻）。59年大谷大学大学院修士課程修了（真宗学専攻）。64（昭和39）年浄土真宗本願寺派・一行寺住職に就任。
2019（令和元）年５月26日同住職を辞任。
主要な著書は、『曽我量深の教え　救済と自証～法藏菩薩は誰か～』（新学社、2012年）、『如何に中陰法要を勤めるか～中有を如何に捉えるか～』（方丈堂出版、2012年）、『曽我量深に聞く　宗教的要求の象徴・法藏菩薩―限りなく純粋感性を求めて―』（大法輪閣、2018年）。

心の窓―街角の掲示板―

二〇一九年五月二六日　初版第一刷発行

著　者　那須信孝
発行者　光本　稔
発行所　株式会社　方丈堂出版
京都市伏見区日野不動講町三八―二五
郵便番号　六〇一―一四二二
電話　〇七五―五七二―七五〇八
発売所　株式会社　オクターブ
京都市左京区一乗寺松原町三一―二
郵便番号　六〇六―八一五六
電話　〇七五―七〇八―七一六八
装　幀　小林　元
印刷・製本　亜細亜印刷株式会社

ISBN978-4-89231-210-6

Printed in Japan